ART DE BIEN JOUER AU TRENTE-UN,

[illegible] DES PRINCIPES DU HASARD;

SUIVI

D'UN APPENDICE,

CONTENANT PLUSIEURS MÉTHODES DE JOUER AVANTAGEUSEMENT AVEC PEU DE FONDS;

PAR UN AMATEUR.

« Comme il y a une infinité de choses sages qui sont menées « d'une manière très-folle, il y a aussi des folies qui sont « conduites d'une manière très-sage. »

MONTESQUIEU.

« Il serait possible d'amener la suppression des maisons de « jeu par un moyen plus puissant qu'une loi sévère, et sévè- « rement exécutée. »

AVANT-PROPOS.

PARIS,
J. BREAUTE, LIBRAIRE-ÉDITEUR,
PASSAGE DE CHOISEUL, Nos. 60 ET 62,
EN FACE DU THÉATRE DE M. COMTE;
GARNIER, LIBRAIRE,
PALAIS-ROYAL VIS-A-VIS LA COUR DES FONTAINES.

1829.

ART
DE BIEN JOUER
AU
TRENTE-UN,

TRAITÉ RAISONNÉ DES PRINCIPES DU HASARD;

SUIVI

D'UN APPENDICE,

CONTENANT PLUSIEURS MÉTHODES DE JOUER AVANTAGEUSEMENT AVEC PEU DE FONDS;

PAR UN AMATEUR.

« Comme il y a une infinité de choses sages qui sont menées « d'une manière très-folle, il y a aussi des folies qui sont « conduites d'une manière très-sage. »

MONTESQUIEU.

« Il serait possible d'amener la suppression des maisons de « jeu par un moyen plus puissant qu'une loi sévère, et sévè- « rement exécutée. »

AVANT-PROPOS.

PARIS,

J. BRÉAUTÉ, LIBRAIRE-ÉDITEUR,

PASSAGE DE CHOISEUL, N°s 60 ET 62,

EN FACE DU THÉATRE DE M. COMTE.

1829.

AVANT-PROPOS.

Au sujet des jeux de calcul et de hasard, tant d'écrivains ont exercé leur plume, que la matière paraîtrait presque épuisée. De nos jours, on voit tant de brochures insipides ou remplies de faux calculs, soi-disant raisonnemens et systèmes, qui, à ce que prétendent les auteurs, doivent infailliblement faire sauter la Ferme des jeux, que le lecteur dégoûté d'un empirisme si effronté, et passant d'un extrême à l'autre, se renferme dans le cercle étroit du préjugé, et s'opiniâtre à ne pas croire à la possibilité de faire un calcul qui puisse contrebalancer les avantages que se sont réservés les fermiers des jeux publics.

De sévères moralistes ont beaucoup ajouté à ces préjugés qui souvent, nous sommes obligés de l'admettre, ne sont apparemment que trop justifiés par les suites que produit la passion effrénée du jeu. Il n'entre nullement dans notre intention de combattre les raisonnemens de ces rigoristes par des argumens interminables. Nous nous contentons d'observer seulement que de ce qu'une chose peut avoir des résultats funestes par suite des passions ou de l'inconduite de ceux qui s'en mêlent, il ne s'ensuit pas que la chose, en elle-même, doive être condamnée comme nuisible aux intérêts de la société. L'usage immodéré du vin a souvent conduit aux crimes les plus affreux : cependant pour trouver des législateurs qui veulent bien persuader messieurs les consommateurs que le vin est une source fertile d'horreurs, il faudrait se ranger sous le drapeau des sectateurs du croissant; et même ces derniers commencent-ils à se civiliser un peu à cet égard.

A tout bien considérer, il nous paraît extrêmement difficile d'obtenir que la confiance soit accordée à un ouvrage tel que le nôtre. Ou le lecteur le mettra, sans l'approfondir, au même rang que les ouvrages éphémères qui n'ont de mérite que par la crédulité des joueurs; ou le moraliste élèvera sa voix sévère pour l'anéantir dès sa naissance. Quant au premier, nous le prions de vouloir bien lire le traité que nous lui offrons avant de le juger. Qu'il tempête contre notre ouvrage, même avant de le lire, tant que cela lui fera plaisir; mais du moins, *qu'il le lise*. A ce sujet nous citerons le mot assez remarquable du sage de l'antiquité : « Frappe, mais écoute ! » Pour le rigoriste qui condamne exclusivement tout ouvrage dans le genre du nôtre, quelques justes qu'en soient les raisonnemens, et qui veut diriger le bras de la loi contre les jeux, nous lui faisons observer qu'il serait possible d'amener la suppression des maisons de jeu par un moyen plus puissant qu'une loi sévère, et sévèrement exécutée; et que celui-là fera beaucoup pour atteindre ce but, qui pourra démontrer qu'il est un moyen non-seulement de détruire les chances défavorables que les pontes avaient à courir, mais encore de les tourner à leur avantage.

Nous nous sommes donc occupé de cette démonstration. Tous les faits que nous avançons reposent sur les calculs les plus rigoureux et sur des expériences réitérées; et nous nous engageons à prouver d'une manière assez convaincante pour satisfaire le lecteur le plus incrédule, qu'en ayant à sa disposition des fonds suffisans, et qu'en suivant exactement, et surtout avec la même *impassibilité* que déploient actuellement les banquiers, en suivant, dis-je, les marches que nous nous proposons de lui indiquer, le ponte peut se retirer chaque jour avec un bénéfice proportionné à ses capitaux.

Nous demanderons donc au censeur intolérant quel serait le résultat pour la Ferme des jeux, si chaque joueur, au lieu de se ruiner par la folle espérance de tripler ou quadrupler ses fonds dans une seule séance, se décidait à suivre fidèlement les marches que nous avons le dessein de tracer, et à se contenter d'un gain modique, mais grossissant à chaque jour? Il est notoire que la Banque ne pourrait supporter ses frais, si elle ne faisait pas journellement des bénéfices énormes. Que serait-ce donc si elle avait à soutenir journellement des pertes même tant soit peu considérables? Un tel événement amènerait des résultats que ne pourrait opérer l'éloquence d'un Démosthènes, ni la sévérité d'un Caton. *Dans un mois il n'existerait pas à Paris une maison de jeu.*

Si ce que nous avançons est vrai, et si chaque

joueur qui a des fonds suffisans peut se procurer des bénéfices au jeu, on pourra demander comment il se fait que tout le monde s'y ruine? Nous répondrons à cette question par une autre. Pourquoi l'homme a-t-il des passions? ou plutôt, pourquoi ne sait-il pas les maîtriser et les tourner à son avantage? Voilà le secret. C'est sur les passions et l'inconduite des joueurs que comptent les banquiers beaucoup plus que sur les avantages qu'ils se sont ménagés par le *refait de* 31. Cela est si vrai que s'il nous était possible de démontrer mathématiquement que, en suivant une marche quelconque, le joueur serait assuré contre toute perte, à la seule condition cependant de montrer la patience et la modération la plus grande, loin de manifester la moindre crainte, les banquiers se tranquilliseraient sur-le-champ, bien convaincus que sur mille joueurs il n'y en aurait pas un seul qui pourrait remplir les conditions exigées.

Mais parmi le grand nombre de joueurs qu'on rencontre à chaque pas, il peut bien s'en trouver quelques-uns d'assez raisonnables pour vouloir envisager le 31 comme une spéculation avantageuse, plutôt que comme un jeu hasardeux, et le bénéfice à y faire comme un ruisseau dont le cours augmente en rapidité et en profondeur à mesure qu'il approche de l'immensité de l'Océan, plutôt que comme un torrent impétueux dont la chute soudaine et violente doit faire pleuvoir sur leurs têtes richesses et prospérités. C'est à ces derniers que nous nous adressons. C'est à eux que nous consacrons le fruit de nos veilles. Ils peuvent vérifier les faits que nous avançons, non-seulement sur un nombre limité de *tailles*, tel que 3,000, 4,000, etc. (bien qu'une expérience tellement forte pût déjà compter pour quelque chose), mais encore sur le relevé de toutes les tailles qu'ils pourront se procurer. Nous attendons donc leur jugement impartial, et si, après l'inspection de toutes les tailles qu'ils jugeront à propos d'examiner, la force de la vérité les oblige d'admettre l'exactitude de notre système, il y aurait de l'ineptie à ne pas en profiter.

ART

DE BIEN JOUER

AU

TRENTE-UN,

CHAPITRE I.

État actuel des choses. — Avantages de la Banque.

QUAND deux ennemis se disposent à en venir aux mains, ils s'épient, ils cherchent à connaître leur situation respective pour se ménager l'avantage de la victoire.

Nous allons exposer :

1° La situation actuelle de la Banque,

2° La situation actuelle du joueur.

La Banque tient de la convention le plus grand, du moins le plus apparent de ses avantages, le droit de lever la moitié de tous les fonds exposés sur le tableau, *à chaque refait de Trente-un*.

Ce droit s'exerce 34 à 35 fois sur 50 tailles : il est évalué 1 et 1/3 p. 0/0 de tout l'argent mis sur le tableau : par approximation il y a deux refaits de 31 sur trois tailles.

Ainsi, un joueur ayant cent masses et jouant deux masses à tout coup, perd nécessairement tous ses capitaux dans 3,820 coups, c'est-à-dire dans trois jours de jeu, par le seul désavantage des refaits du 31.

Ainsi, en admettant l'égalité parfaite du jeu, en admettant que le ponte a gagné autant de coups que le banquier, il faut que par la force du refait de 31, il se trouve dépouillé de ses fonds dans le délai indiqué dans l'article précédent, par la fréquence de ce funeste refait.

Ce serait bien pire encore si, à la spoliation opérée par le refait de 31, le ponte joint encore le désastre de quelque écart.

Le second avantage de la Banque vient de l'énormité de ses capitaux. On ne croira pas, sans doute, en sûreté un homme qui se bat contre un autre dont l'arme est une infinité de fois plus longue que la sienne. Telle est celle de la Banque qui a des capitaux infiniment supérieurs à ceux des pontes. Le joueur a-t-il été heureux dans son début, le trésor de la Banque la met dans le cas de faire face aux événemens, et de tenir contre les écarts les plus prolongés. Le joueur est loin d'avoir cet avantage avec ses fonds très-limités et presque toujours répandus avec profusion. C'est cette certitude de n'être jamais entraînée par les écarts pour insuffisance de moyens qui donne à la Banque son *impassibilité* tant vantée.

Les chances venant enfin à changer, le joueur lui rendra le gain même plus vite qu'il ne l'avait obtenu : car dans la perte il exposera ses fonds de manière à précipiter sa ruine. En peu de coups il sèmera le produit de plusieurs heures ou de plusieurs séances. Heureux, si dans son exaltation il sait respecter ses fonds ! Mais la plupart du temps il se retire ruiné, après avoir néanmoins commencé par gagner. Il est impossible que de petites sommes puissent résister contre les fonds de la Banque.

Ces fonds, déjà si considérables relativement à ceux

du joueur, grossissent encore à tout instant par les trésors amenés à la suite du refait du 31, et par le grand nombre de coups qu'elle gagne sur chaque ponte, malgré l'égalité du jeu déjà relevée, au point que lorsqu'elle perd un coup avec quelque joueur, elle le paie ordinairement avec les fonds qu'elle gagne sur les perdans.

Les fonds de la Banque reçoivent encore des accroissemens de la double limite des masses.

La Banque a jugé que le refait de 31 n'affaiblissait pa assez les joueurs; et voulant en triompher sans peine, elle les a divisés en deux classes, imposant à la fixation des masses un *minimum* dans la classe la plus faible, et un *maximum* dans celle qui pouvait avoir un portefeuille redoutable.

La Banque a fixé pour *minimum* des masses la somme de 5 francs; ainsi le joueur expose à chaque coup au moins la rente de 100 francs à 5 pour 100.

Cette limite du minimum est bien élevée, et anéantit d'avance la foule des joueurs dont les ressources sont si modiques. Jouent-ils des masses égales? Au-dessous de 100 francs ils n'ont pas vingt coups à jouer; et un écart de vingt coups est si ordinaire, sinon en une série, du moins en diverses coupures! Par chaque somme de 100 francs ils ont vingt masses contre une qu'ils attaquent : voilà une certaine force tant qu'elle n'est pas échancrée par les refaits de 31, ou par la perte d'un certain nombre de masses que l'on s'obstine à regagner.

Les joueurs s'affaiblissent d'ailleurs eux-mêmes en dépassant follement cette limite de 5 francs avec des fonds très-bornés, et en tenant longuement le jeu qui les affaiblit par le retour périodique des refaits ou des écarts. Ils ne savent point se borner à un petit gain proportionnel à leur petit fonds : ils ne pensent point non plus s'arrêter à une petite perte proportionnelle à leur modique avoir.

Jouent-ils la martingale? Mais cette martingale est bien courte, et par conséquent vicieuse. Elle ne peut avoir que trois coups au-dessous de 100 f., que quatre coups au-dessous de 200 fr., que cinq coups au-dessous de 300 f., etc. Encore y a-t-il de la folie à jouer une martingale quand on on n'en a pas plusieurs d'auxiliaires.

Si l'on était admis à jouer 1 franc, on pourrait longuement lutter contre la Banque, tant à masses égales qu'au moyen de la martingale. Avec 1,013 francs la martingale aurait neuf coups : mais c'est précisément ce qu'a voulu éviter la Banque, en fixant le *minimum* de la masse à 5 francs. Elle avait calculé que par l'élévation de ce minimun, elle frappait et anéantissait tous les petits fonds périodiquement affaiblis par le refait de 31.

Après avoir affaibli les petits fonds par l'élévation du minimum de la masse à 5 francs, la Banque s'est appliquée à paralyser la résistance des gros joueurs, en imposant à la masse un *maximum*, et repoussant toute somme qui excéderait 12,000 francs : ainsi, elle a trouvé le moyen de racourcir encore leur armure déjà raccourcie par le refait de 31.

Cette mesure a pour elle le double avantage de ménager son trésor en éloignant toute forte commotion, et de ruiner par des secousses répétées celui du joueur. Par là, la Banque s'assure encore plus de coups heureux que le ponte, en retenant le produit de tous les coups perdus, puisqu'elle l'empêche de le rappeler par un coup plus élevé de la martingale : comme 24,000, 48,000, etc.

Par le refait de 31 elle a la moitié de tous les fonds exposés. En vertu de la limite elle s'assure tous les fonds qui sont en porte-feuille. C'est l'ordinaire des joueurs, de jeter leur argent dans la perte : ils voudraient se refaire en peu de coups, et ils ne font que consommer leur ruine. Ils ne peuvent prolonger la martingale au-delà du onzième coup, puisque le douzième coup de la martingale, dont le premier serait de cinq francs, exige une somme de 20,475 francs. Alors ils vident leurs porte-feuilles par des masses isolées de 12,000 f., qui, impuissantes pour rappeler le passé, anéantissent l'avenir. Je n'ai donc pas excédé en disant que la Banque, par la mesure de la limite, frappe toutes les sommes qui sont en portefeuille, en sorte que *ce qui ne paraît pas*, ne lui échappe pas plus que ce qui est exposé.

Le troisième avantage de la Banque, vient de son obligation de *tenir tous les coups* qui sont joués.

La nécessité de tenir tous les coups est réellement un désavantage, puisque le ponte a la faculté d'épier les coups les plus probables, les coups souvent immanquables, et de les jouer au taux qu'il veut, pourvu qu'il ne dépasse pas la limite. Cependant, il est facile de concevoir que cette occasion de perte devienne pour la Banque une source de richesse, dès l'instant qu'elle s'est assuré le gain, soit en se ménageant plus de coups heureux par l'institution du refait de 31, soit par la supériorité de son trésor qu'elle accroît encore par les effets de la double limite, et par les désordres du joueur, comme on verra bientôt.

L'obligation de tenir tous les coups joués conserve à la Banque son impassibilité, et l'empêche de faire des fautes. On ne saurait trop insister sur les avantages qui résultent de l'impassibilité de la Banque contre la mauvaise tête du joueur. Pour donner plus de poids à cette assertion, un seul exemple suffira. Il s'agit des *séries* qui donnent généralement à la Banque des profits immenses, tandis qu'elles ne laissent au ponte que le perfide espoir qu'à la première qui se présentera, il aura l'énergie de jouer à la gagnante en abandonnant sa première mise, de manière qu'en se martingallant d'elle-même elle puisse au dixième coup faire sauter la Banque. Cependant la série arrive; elle lui échappe pour la cent millième fois, et la galerie retentit des cris de désespoir de ceux qui en ont été les victimes et auxquels la perte qu'ils viennent d'éprouver se retrace à leur imagination sous des couleurs d'autant plus atterrantes que l'occasion de les réparer s'étant présentée, ils n'ont point eu l'adresse d'en profiter. Mais comme l'espérance qu'une autre série reparaîtra incessamment leur permet de croire au retour du bonheur qu'ils n'ont point su retenir lorsqu'il s'était présenté, ils s'y livrent de nouveau : l'occasion se présente encore, encore elle leur échappe, et ils sacrifient à leur folle espérance jusqu'à leur dernier écu sans jamais atteindre le but.

Plus ces causes se prolongeront, plus les mêmes effets se répèteront : les avantages de la Banque augmentent encore pour elle dans la proportion des masses et du nombre des pontes ; et la nécessité de tenir tous les coups, inhérente à la nature de la Banque, au lieu d'être une occasion de restitution aux pontes, de quelque parcelle de leur fortune, devient le multiplicateur de toutes les autres sources de sa prospérité.

CHAPITRE II.

Moyens du ponte pour gagner. — Leur inefficacité.

Le ponte distribue ses fonds par masses égales, ou par progressions.

La masse égale n'a d'autre mérite que celle d'être plus lentement épuisée que la progression. Si un écart se présente, le ponte perd un grand nombre de masses. Il est bien difficile de réparer une grosse perte avec la masse égale.

L'écart aura-t-il été en faveur du ponte, l'équilibre ne tardera pas à procurer des représailles à la Banque. Mais en supposant le plus favorable, l'égalité du jeu entre la Banque et le ponte, ce dernier sera dépouillé de tous ses fonds dans un temps donné, par le refait du 31.

La masse égale vient encore échouer contre d'autres écueils. Le ponte joue-t-il d'après ses inspirations; il a la prudence de jouer fictivement quelques coups, et enhardi par tous ceux qu'il a devinés, il se résout enfin à jouer réellement. C'est trop tard : fatale prudence ou pusillanimité ! Il a laissé passer les coups heureux avant de se déterminer, et il a perdu. Le souvenir de ses malheurs, la vue de tant de victimes, tout le terrifie. Sa main porte et retient la masse; si elle l'avait laissé tomber, il avait gagné. Ce gain manqué achève de l'aigrir, augmente sa crainte, et porte le désordre dans sa tête.

Les séries et les longues intermittences sont un peu

usées quand on les aperçoit, et ensuite on ne veut pas jouer sur le reste, craignant de crever. Ainsi les longues séries et les longues intermittences qui devraient faire la fortune des pontes ne leur sont d'aucune utilité, s'ils n'en profitent pas, on les accablent parce qu'ils jouent contre.

Enfin le joueur compose quelquefois la masse égale dans une grande disproportion avec ses fonds; il saute en quelques coups, tandis qu'il aurait pu tenir longuement et avoir quelque gain par une plus sage distribution de ses masses.

La prudence avait conseillé au ponte la masse égale; mais quand il voit ses fonds en partie moissonnés par le refait de 31, en partie par ces divers autres accidens qui viennent d'être relevés, il appelle des remèdes à son secours.

Il emploie des figures plus ou moins longues qu'on nomme *rapporteurs*. Il est persuadé qu'à l'aide de son instrument il coupera les séries et les intermittences, et qu'il ne les aura plus contre lui. Illusion! Ce rapporteur ne peut qu'être soumis aux coups de la taille qui peut présenter toutes les figures imaginables : ce rapporteur ne pouvant que présenter une figure quelconque, s'emmanchera avec la taille d'une manière plus ou moins longue; mais il lui donnera toutes les figures dans la même proportion de la taille. Mieux aurait valu de suivre la taille. D'ailleurs le refait marche toujours et ne pardonne pas.

Le ponte calcule sur les *points* précédemment sortis, c'est la base la plus inconstante. Il a noté les coups qui se sont déterminés par le point, d'après son système actuel : il a oublié de tenir note des décisions contraires. Cette marche arbitraire n'est propre qu'à ajouter au ravage des refaits du 31.

Il va enfin consulter *la marche de la taille*. C'est le

guide le plus sûr quand on peut jouer toute la taille, et que l'on a un moyen d'échapper aux incertitudes et aux refaits de 31. Mais si l'on n'a que l'expression magique, *marche de la taille* à son secours, à quoi connaît-on cette marche? Ira-t-on a la piste de quelque coup? Mais n'est-il pas presque passé quand il s'annonce? A quoi le reconnaître quand il va paraître? Est-il précédé d'un précurseur? Dans cette marche incertaine et arbitraire les masses égales disparaissent, et *la marche de la taille* n'est qu'un tissu de spoliations partielles.

Enfin le ponte s'aperçoit que, quoique le jeu soit égal par lui-même, la Banque gagne plus de coups que lui, et que quand il en gagnerait autant que la Banque, la masse égale ne peut pas le soutenir contre les refaits du 31. Il appelle à son secours un moyen pour gagner nécessairement plus de coups que la Banque : il forme sa martingale, c'est-à-dire le moyen d'être plus tôt dépouillé de ses fonds, puisque, d'après l'emploi qu'il en fait ordinairement, il les exposera en plus fortes masses.

La base des martingales est le double principe de la décomposition des figures et de leur apparition. Mais de ce qu'une figure doit paraître dans un nombre déterminé de coups, on n'a pas de grandes sûretés pour soi : car on aura essayé le coup bien des fois inutilement, on l'aura dépensé d'avance quand il arrivera, et on ne fera que rentrer dans son argent, moins celui qui aura été absorbé par les refaits de 31.

Nous sommes cependant du nombre de ceux qui soutiennent qu'une martingale bien organisée est supérieure à tous les événemens; et nous prouverons plus tard qu'employée d'après nos principes, elle présente des bénéfices presque assurés. Mais l'emploi qu'on en fait actuellement est tout-à-fait vicieux. Il a lieu contre les séries et les intermittences prolongées, lesquelles, plus étendues que les termes de la martingale, entraînent à des résultats que ne pourraient poursuivre les souverains réunis de l'Europe.

Le ponte enfin réfléchit qu'au lieu d'exposer une forte somme par la martingale, il sera plus avantageux pour lui de forcer la Banque à martingaler : il appelle à son secours le paroli.

La Banque conserve sur le ponte le même avantage que s'il jouait la martingale. Outre le ravage du refait de 31, il y en a ici un particulier. C'est que le ponte perd souvent sa mise et le gain faute d'un coup de deux ou de trois : c'est que presque toujours il manque de courage pour tenir contre une série ou une intermittence prolongée. Ainsi le paroli finit par ne pas être plus avantageux au ponte que la martingale, et souvent aussi ruineux, quoique dans une marche plus lente.

Il ne reste au ponte qu'un moyen de salut : c'est la voie des arriérés. Nous avons vu qu'il peut y avoir de grands écarts qui adjugent beaucoup de coups à une chance au détriment de l'autre ; mais nous avons vu aussi que l'équilibre vient à se rétablir : et si le ponte peut surmonter l'ennui de prendre note de tous les écarts, il pourra à la longue tirer quelque avantage de cette marche. La compensation étant une loi du hasard, il serait presque sûr de reprendre sur la chance en retard ce qu'un écart lui aurait enlevé ; ou plutôt, n'ayant joué que fictivement sur l'écart, il aurait de grandes probabilités en sa faveur, en jouant sur la chance qui présenterait un arriéré engageant. Mais comment rester inactif devant des monceaux d'or?

Cependant la probabilité est bien loin de la certitude, et comme rien n'annonce que l'écart va finir, on court encore risque d'engouffrer de fortes sommes avant de pouvoir atteindre le retour de la chance arriérée : ce serait même exposer beaucoup pour gagner peu. A vrai dire, il n'y a pas de raison pour qu'à partir du point où l'on commence à jouer, l'arriéré rétrograde ou se prolonge davantage. On peut rester des heures au même point, et pendant ce temps les refaits de 31 arrivent dans leur proportion.

Ainsi tous les moyens de salut invoqués par le ponte se tournent contre lui. Que sera-ce si sa conduite est sillonnée d'autres désavantages qui accélèrent sa ruine?

CHAPITRE III.

Désavantages du ponte.

Nous devons d'abord regarder comme des désavantages pour le ponte les avantages de la Banque, les refaits de 31, l'énormité de ses capitaux, son obligation de tenir tous les coups joués, ce qui multiplie ses moyens de fortune.

Il y a des désavantages particuliers au joueur. Les distractions sont souvent ruineuses pour lui : tantôt il se trompe de couleur pour jouer; tantôt il joue sur une couleur, tandis qu'il oublie sa masse sur une autre; tantôt il s'est négligé, et il n'a pas joué un coup qu'il aurait gagné; ce bénéfice manqué l'irrite, et lui fait jeter son argent, son or et ses billets, après une pièce qu'il aurait dû gagner sans peine : peut-être finit-il par sauter une martingale. Enfin quelquefois il ne soigne pas sa progression, et il se trouve en perte même en gagnant.

Les distractions sont quelquefois très-coûteuses et jettent le désordre dans le jeu, mais les fautes préparent des repentirs plus amers. L'inconduite du joueur ne laisse pas le résultat douteux. On dirait qu'il ne se sentait pas assez affaibli des saignées qu'il recevait, quand on le voit ouvrir lui-même ses plaies au lieu de chercher à étancher le sang qui coule à gros bouillons.

Dans la perte le joueur perd la tête, et, comme nous l'avons dit, il jette son argent sans mesure, ne réfléchissant pas qu'avec ce qu'il perd en peu de coups, il pourrait faire une longue guerre dans des momens plus heureux : ou bien dès son début il attaque la Banque par des masses hors de toute proportion avec ses fonds; ce qui fait qu'il est bientôt désarmé et qu'il ne peut soutenir un écart. Dans l'un et l'autre cas sa folle conduite et son avidité du gain assurent à la Banque plus de coups heureux, puisqu'il se conduit comme s'il ne jouait que pour s'anéantir. On dirait presque que les monceaux d'or et d'argent artistement étalés sur le tapis vert ne sont là que pour attirer malgré lui le joueur à sa ruine; semblables en cela aux serpens qui, selon les naturalistes, possèdent la faculté étonnante de fasciner par un regard le pauvre oiseau, et de l'attirer vers un trépas assuré.

Dans le gain le joueur devient plus modéré qu'il n'était téméraire dans la perte; il ne laisse échapper que des masses beaucoup plus faibles que celles qu'il exposait en perdant. Plus il gagne, plus il diminue ces masses par ses réserves, et bientôt enfin, soit inconstance, soit prudence, dès qu'il a fait quelque gain il ne tarde pas à quitter le jeu, et on le lui conseille de toutes parts.

Au lieu de cicatriser ses blessures et de réparer ses pertes, il repousse la fortune qui se présente; il préfère assurer à la Banque plus de coups heureux, puisqu'il joue comme s'il avait peur de gagner.

Ainsi la spoliation du joueur est assurée. Si ce n'est pas en un jour, ce sera dans un temps proportionnel à ses moyens de résistance. C'est une victime dévouée, attirée par la prétendue égalité du jeu, ou par quelque écart qui lui fût favorable. Il ne tardera pas à expier un instant de bonheur. Comment lutter contre un adversaire dont l'arme infiniment plus longue peut atteindre à un quart de lieue, quand on n'a à lui opposer qu'une arme longue de moins de trois pieds, et qui se raccourcit à chaque mouvement ?

Le joueur persistera-t-il à croire à la prétendue égalité du jeu et à espérer de soutenir avec avantage le choc de la Banque qui l'atteint à une si grande distance, lorsque ses coups ne portent que dans le vide? Qu'importe la prétendue égalité du jeu, qu'importe que le ponte puisse gagner autant de coups que la Banque, si les réserves privilégiées qu'elle s'est faites suffisent pour le désarmer ? Le refait de 31 raccourcit l'arme déjà trop courte du ponte, en assurant plus de coups à la Banque, en attirant dans sa caisse la moitié des fonds exposés. La limite de 5 francs épuise en peu de coups les faibles moyens de la foule des joueurs : la limite de 12,000 francs raccourcit de plus en plus l'arme déjà raccourcie par le refait de 31, et va pomper dans le porte-feuille les valeurs qui s'y croyaient en sûreté sous la clef. Le joueur dans un délire continuel jette son argent à pleines mains quand il perd, et il refuse de le reprendre de même quand il gagne.

Est-il étonnant que la Banque conserve son sang-froid vis-à-vis d'un pygmée qu'elle atteint à une distance prodigieuse, tandis que son arme suffirait à pourfendre un géant? *L'impassibilité* de la banque n'est qu'une adresse de plus pour attirer le faible ennemi qu'un sourire de pitié pourrait éloigner en révoltant son amour-propre. La banque infatigable siège de midi à minuit, et amóncèle des trésors en désarmant toute la population qui se présente, après avoir reçu sur son plastron *d'or massif* les faibles coups qui lui étaient portés.

CHAPITRE IV.

De la Martingale. — Manière avantageuse de l'exploiter.

Il serait inutile d'occuper ici l'attention du lecteur par une description détaillée de toutes les marches usitées parmi les joueurs, et généralement connues sous les noms respectifs de masse égale simple, masse égale composée, masse décroissante, montante et descendante, etc. Il nous suffira de faire quelques observations sur la martingale, d'abord parce que c'est la marche la plus généralement suivie, et ensuite parce qu'en l'adoptant avec certaines modifications, le ponte ne pourrait choisir une manière plus avantageuse de jouer au Trente-un.

On appelle *Martingale* une suite de masses qui croissent dans une proportion arithmétique ou géométrique. Si l'on gagne, on joue toujours la première masse ; si l'on perd, on joue la seconde masse ; si l'on perd encore, on joue la troisième masse, etc.

Il y a deux espèces de martingale, la martingale lente et la martingale vive. La martingale lente augmente ses coups dans la proportion géométrique ∺ 1 : 2 : 4 : etc. La martingale vive augmente ses coups suivant la progression arithmétique ÷ 1 : 3 : 7 : 15 : etc.

La martingale lente ne donne qu'un coup de gain, quelque nombre de coups que l'on ait joués, et quelque somme que l'on ait exposée. La martingale vive présente autant de coups de gain qu'il a été joué de coups. La martingale lente obtient de la même somme un coup de plus à jouer que la martingale vive.

La martingale lente est vicieuse, d'abord parce qu'on expose beaucoup d'argent pour ne gagner qu'un coup, ensuite parce qu'un refait de 31 vient enlever le coup de gain.

La martingale a sur la masse égale l'avantage de faire rentrer les débours d'un seul coup, et de donner du gain; elle a aussi le désavantage de constituer en de bien plus grandes pertes quand on saute.

Ayant établi pour principe que le ponte doit toujours martingaler suivant la progression arithmétique 1, 3, 7, etc., la plus grande martingale dont on puisse faire usage est celle de onze coups. En effet, la Banque ne reçoit pas moins de 5 fr., ni plus de 12,000 fr.; mais la martingale, dont le premier terme est de 5 f., le second, 15 f., a pour onzième terme 10,235 f.: le douzième coup serait de 20,475 francs; mais la Banque ne reçoit pas au-delà de 12,000 francs par coup: donc la plus grande martingale est celle de onze coups.

La Banque a fixé a 12,000 francs le maximum de la mise, parce qu'elle aurait nécessairement perdu si elle eût laissé la liberté de la porter à une somme arbitraire. En effet, la conséquence aurait été que l'on aurait pu étendre à son gré la martingale; mais toutes les fois qu'un joueur obtient constamment sa revanche, avec la faculté de martingaler les enjeux ; il doit gagner nécessairement, quel que soit le nombre des coups perdans, puisqu'il lui suffit de gagner un seul coup.

La martingale de onze coups est impuissante contre les événemens, dans l'usage que l'on en fait actuellement, parce qu'elle est trop courte contre des écarts plus longs.

En effet, l'usage actuel de la martingale est extraordinairement vicieux. On l'emploie contre les séries et les intermittences prolongées, qui, comme nous le verrons par la suite, sont les coups les plus sûrs. D'ailleurs, elles présentent quelquefois de 18 à 20 coups : on en a même vu de 26 coups ; la martingale de 11 coups ne peut donc que sauter, étant plus courte que les écarts de 12, 13, 14, 15, 16, 17, 18, 19, coups, etc.

Cette martingale de 11 coups se rétrécit d'ailleurs à tout instant par la perte de la moitié des coups surpris par les refaits de 31, qui attaquent quelquefois les termes élevés de la martingale, et émoussent cette arme, et la raccourcissent au point que, bonne dans le premier moment, elle devient à chaque instant impropre au service.

En effet le jeu du 31 étant parfaitement égal entre la Banque et le joueur, à l'exception du refait de 31, il gagne autant de coups que la Banque, et ne peut pas en gagner davantage dans un temps donné : jusque-là ce n'est que défendre son argent. Mais rien ne le garantit de la perte de la moitié des coups atteints par le refait ; en sorte que la martingale, qui était originairement de onze coups, devient successivement de 10, de 9, de 8, etc. Le saut devient ensuite d'autant plus facile qu'elle a perdu plus de coups, puisque raccourcie elle résiste à un moindre nombre d'événemens. En effet elle est maintenant impuissante contre les coups de 10, de 9, de 8, dont elle triomphait originairement.

Il y a des joueurs qui ne partent qu'après un certain nombre de coups de la série suivie ou intermittente, avec une martingale d'autant moindre qu'ils ont laissé la série s'épuiser à un certain point avant de l'attaquer. Mais leur sort est proportionnellement le même ; soit qu'ils aient une martingale entière de 11 coups, soit que ne partant qu'après le 6e coup de la série, ils n'aient qu'une martingale de 5 coups qui devient de 11 puisque ajoutée aux 6 coups passés, ils ont réellement autant de coups que ceux qui ont la martingale de 11 coups.

Puisque cette dernière martingale n'est pas plus longue que la martingale de 11 coups, elle saute comme celle-ci contre les événemens supérieurs. Elle se raccourcit proportionnellement par les atteintes du refait de 31 : elle est en cela plus vicieuse que la martingale de 11 coups, parce que les martingales les plus courtes sont les plus vicieuses et ne peuvent résister à presque aucun événement. Elle a enfin un vice notable de plus que la martingale qui commence avec le premier coup de la série : la martingale de 11 coups gagne tous les coups jusqu'à ce qu'elle saute : la martingale qui n'attaque la série qu'après 6 coups perd nécessairement ces 6 coups, puisqu'elle ne joue pas.

D'autres joueurs établissent avec 6 coups une martingale de 20 coups, par exemple, en ne partant qu'après le 14e coup de la série.

Tant que leur martingale est de 6 coups, ils évitent bien long-temps le saut, puisqu'il faudrait pour les faire sauter une série de 20 coups, et qu'on n'en voit guère, si l'on en a vu quelquefois. Mais cette martingale assujettie aux refaits de 31 se raccourcit proportionnellement, et se rapproche du saut à mesure qu'elle n'a plus que 5, 4, 3 coups.

Enfin voici les vices qui lui sont particuliers. Premièrement, une série de 14 coups n'arrive guère qu'une fois ou deux fois le mois : c'est donc se condamner à une inaction désespérante que d'attendre pour jouer un coup de 14. En second lieu, le bénéfice qu'on peut faire avec une martingale de 6 coups en ne partant qu'après le 14e coup d'une série, paraît si modique qu'il ne présente pas l'intérêt des fonds et une masse par jour pour indemnité du temps.

Il est enfin des joueurs qui font des progressions nombreuses dont une ne suffit pas pour faire rentrer la perte.

On peut avec ces progressions perdre moins, puisqu'on expose moins ; mais on est toujours sûr de la perte, ou bien l'on gagne quelquefois bien peu.

D'abord on est sujet au refait de 31, qui diminue le nombre des progressions. Ensuite on peut ne pas gagner assez de coups pour faire rentrer la perte. Enfin à la fin de la taille on peut ne pas avoir le temps de se développer pour gagner les coups qui mettraient équilibre entre le gain et la perte.

Que la martingale soit donc de 11 coups réels, ou quelles que soient les combinaisons avec lesquelles on la forme, l'emploi que l'on en fait ne peut que mener à la ruine, puisque le joueur ne peut que défendre son argent quand il a autant de coups que la Banque, et qu'il n'a pas le moyen d'en avoir davantage, puisque le refait de 31 vient très-souvent diminuer ses fonds, et puisque ses martingales sont une mesure trop courte contre des événemens plus longs par le nombre de coups.

La martingale de 11 coups, qui nécessite 20,415 fr., jusqu'ici signalée comme impuissante contre tant d'événemens, devient, d'après notre emploi, supérieure à tous les écarts qui peuvent se présenter.

Si l'on disait à la Banque : « Vous avez contre le joueur 35 coups sur 50 tailles, ou 1,300 coups effectifs; vous augmentez ces 35 coups de beaucoup d'autres par l'inconduite de la plupart des joueurs; mais tous ces avantages, quelque énormes qu'ils soient, que sont-ils en comparaison de celui de gagner régulièrement 20 coups par séance? » — « Et qui a cet avantage? » demanderait-elle d'abord. « Moi ! » répondrais-je. Elle se tranquilliserait en riant de la prétendue découverte.

Mais, parmi les nombreux moyens que nous avons découverts pour nous approprier plus de coups que la Banque, et d'une manière bien supérieure au chétif refait de 31, citons-en un pour démonstration qui réduise au silence quiconque voudra croire la théorie mise en pratique, et ne pas rester emprisonné dans le cercle étroit de ses connaissances actuelles sur la matière.

Un coup présente, selon la progression géométrique ÷ 1 : 2 : 4 : 8 : etc., autant de figures diverses.

Coups, 1—2—3—4—5—6—7—8
Nombre de figures, 2—4—8—16—32—64—128—256
Coups, 9—10—11—12—13
Nombre de figures, 512—1,024—2,048—4,096—8,192
Coups, 14—15—16—17
Nombre de figures, 16,384—32,768—65,536—131,072
Coups, 18—19—, etc., etc.
Nombre de figures, 262,144—524,288, etc., etc.

Le coup de 19 peut donc se produire de 524,288 manières. Celui qui joue contre un coup de 19 a donc pour lui 524,287 contre 1.

Si, après une figure quelconque, composée de 19

coups, les 8 coups qui suivent se répètent dans le même ordre que les premiers 8 coups de la susdite figure, ou dans l'ordre inverse, on peut en sûreté jouer la martingale de 11 termes, selon les circonstances, ou pour ou contre les 11 coups qui restent pour compléter la figure. Pour perdre il faudrait qu'il y eût 2 coups de 19 immédiats; mais si, en jouant ou pour ou contre les premiers 19 coups, le ponte a pour lui 524,287, quel milliard d'avantages n'a-t-il pas pour lui en pariant contre la répétition de la figure? A-t-on jamais vu, verra-t-on jamais un coup de 19 répété former 38 coups consécutifs?

On peut, par comparaison avec la loterie, faire ressortir la sûreté de la doctrine contre le coup déterminé de 19. A la loterie, il est bien difficile d'avoir un extrait déterminé, si on ne joue qu'un numéro, parce qu'il y a 90 numéros, et qu'on en a alors 89 contre soi.

A la loterie, avec 19 numéros on a 3,420 ambes déterminés sur cinq sorties: quel sera ici le nombre de 19 coups déterminés sur 19 sorties? Quel sera le nombre de probabilités contre la répétition immédiate d'une figure de 19 coups?

Voilà une manière de jouer tellement avantageuse, mathématiquement parlant, qu'elle rend presque assurés les bénéfices du joueur qui s'y tiendra rigoureusement.

A ceux qui tranchent la question en disant que la répétition immédiate d'un coup de 19 est une chose possible, nous répondons qu'en fait de hasard, il serait difficile de prouver logiquement qu'il y a rien d'impossible. Il y a eu des sceptiques qui ont révoqué en doute même leur propre existence. De pareils calculateurs, en étendant seulement la faculté imaginative, pourraient avec presque autant de raison supposer l'apparition de la même chance 300 ou 400 fois de suite. Cependant nous ne craignons pas d'affirmer que les *probabilités* contre ce dernier événement approchent tellement de la *certitude*, que le souverain le plus puissant pourrait, avec avantage et sans danger, parier à chaque coup sa couronne contre une obole qu'il n'aura pas lieu. Si l'on se plaît à faire de pareilles suppositions, en poussant un peu plus loin le même raisonnement, on peut s'imaginer la répétition à l'infini de la même chance ; ce qui convertirait le hasard en certitude, car, la chance étant toujours du même côté, *il n'y aurait plus de hasard.* S'occuper davantage d'une semblable proposition, serait une véritable folie.

Il faut convenir que très-peu de joueurs sont doués de la patience et de la modération nécessaires pour pratiquer avec succès la méthode que nous venons d'indiquer ; mais l'inconduite du joueur n'est pas une preuve contre la bonté du système. Un bénéfice de 20 à 25 masses par séance sur un capital de 20,415 fr. paraîtra probablement bien peu de chose à celui qui ambitionne de faire sauter la Banque ; mais le spéculateur prudent, qui réfléchit que ce gain journalier, quelque léger qu'il paraisse à l'ordinaire des joueurs, lui donne au bout de l'année l'intérêt énorme de plus de 200 p. 0/0 de son argent, se contentera sans difficulté même d'un aussi faible dédommagement.

Nous avons borné le gain de chaque séance à environ 20 masses, parce que la chance après laquelle on jouera n'arrivant que lentement (1), même ce bénéfice modique prolongera assez avant la durée de la séance.

(1) Nous supposons toujours que le joueur marque les deux tableaux (le grand et le petit), pour rendre plus fréquente l'apparition de la chance qu'il attaque.

Dans une trop longue séance, la tête s'échauffe, se fatigue. Viennent ensuite les distractions : on se trompe sur un terme de sa martingale ou sur une chance à jouer ; et, dans un jeu aussi précis que celui en question, la moindre erreur pourrait amener le *saut*. Il ne faudra jamais se laisser entraîner par la facilité avec laquelle on aura gagné quelques masses. Le joueur sage et réfléchi se rappellera que c'est toujours un coup de gain qui précède la chance funeste, que la modération fait la force, puisque le trésor, augmentant chaque jour, finira par être immense.

La seule chose qui tue le joueur, c'est qu'il veut d'abord être riche : masses disproportionnées, martingales aventureuses sur chaque coup, point de bornes dans la perte, point de fixation du gain pour la journée. La passion du jeu est la véritable sangsue dont parle Horace,

« Non missura cutem nisi plena cruoris hirudo. »

On pourrait dire de la plupart de ceux qui fréquentent les maisons de jeu, qu'ils laissent la raison et le sens commun à la porte avec leurs chapeaux et leurs cannes. Proposez à un de vos amis une affaire, une spéculation même un peu chanceuse, mais qui promette un retour de 25 à 30 pour 0/0, il convient que c'est un intérêt superbe, il vous écoute avec avidité, il vous en demande des détails avec chaleur, et probablement il finira par y risquer une somme assez forte. Abordez la même personne assise au tapis vert, et jetant à la tête des banquiers son or et ses billets avec une générosité toute particulière ; proposez-lui une méthode de jouer qui le garantira de tout excès, de tout emportement, et qui lui laissera entrevoir la probabilité d'un bénéfice de 100 à 120 francs à chaque séance où il aura la patience de la pratiquer, il vous écoute froidement, et vous demandera en haussant les épaules si c'est la peine de risquer 20,415 francs pour gagner une misère de 120 francs. Cependant il continue de jouer de grosses masses d'après des inspirations qui l'ont mille fois trompé, ou des combinaisons dont il n'a ni étudié les principes, ni calculé les chances. Il perd la tête, et par conséquent son argent. Il double, triple ses masses. Il perd encore. Il ne lui reste que quelques écus. Mais il est inébranlable : avec une force inférieure, il dispute à l'ennemi chaque pouce de terrain. Semblable au soldat qui, dans une cause plus digne, menacé de tous côtés par le péril et la mort, n'abandonne jamais son poste, le joueur ne quitte point son champ de bataille, le tapis vert, jusqu'à la ruine de sa fortune, la perte de sa santé et de sa tranquillité, l'extinction de son espoir, et peut-être jusqu'au sacrifice de son honneur; car trop souvent, quand l'espérance et la fortune s'enfuient, l'honneur ne reste plus.

Cherche-t-on le secret de gagner au jeu à coup sûr et rapidement; on cherche la pierre philosophale; on cherche à obtenir le don que possédait autrefois Midas de très-sotte mémoire, qui changeait en or tout ce qu'il touchait. Si l'on croit à l'existence d'un pareil secret, l'on fera sagement de se présenter chez un de ces savans nécromanciens dont pullule la capitale, et d'acheter un quaterne devant infailliblement sortir à la loterie. Mais cherche-t-on, en analysant les principes du hasard, à obtenir les plus grandes probabilités en sa faveur; en prenant pour guides la patience et la modération, on vaincra bien des obstacles, et l'on obtiendra cette probabilité qui, selon le célèbre Bernouilli, naissant de l'expérience répétée, va toujours en croissant et croît tellement qu'elle s'approche indéfiniment de la *certitude*.

CHAPITRE V.

Des Séries de coups suivis. — Des Séries d'intermittences. — Progression montante et descendante.

Nous avons vu que dans le système actuel tout empêche que le joueur ne gagne autant de coups que la Banque; la différence des capitaux, ses distractions, ses fautes, même les divers moyens auxquels il a recours, tout conspire contre lui : sa ruine n'est que plus précipitée. Son malheur vient de ce qu'il n'y a rien de positif dans le système actuel; aucun point de départ, aucun plan sur la route, aucun fanal pour ramener le joueur dans son égarement.

Dans le chapitre précédent nous avons indiqué la méthode que le calcul nous a démontrée comme la plus avantageuse pour exploiter la martingale de 11 termes, et que l'expérience nous a prouvé être la plus propre à assurer au spéculateur un bénéfice constant. Nous allons maintenant soumettre au lecteur dans toute leur étendue les détails d'une opération que peut faire valoir le joueur dont les moyens pécuniaires lui permettent de tenter une entreprise plus considérable. Cette opération, à la vérité, ne peut convenir qu'au spéculateur qui jouit d'une certaine aisance, mais promet à ce dernier les résultats les plus heureux, et brillans proportionnellement aux capitaux exigés.

Nous ferons observer que pour pratiquer avec avantage notre méthode, une progression montante et descendante nous semble la seule propre à mettre en usage. Bien que tout joueur qui aura la moindre habitude du jeu de Trente-un puisse se passer d'une description détaillée de cette espèce de progression, nous croyons devoir en faire une courte explication en faveur de ceux qui sont moins expérimentés.

Cette façon de jouer consiste à exposer une masse arbitraire, comme par exemple 5 francs. En cas de perte on ajoute à la première masse une somme également arbitraire (5 francs nous supposons, la Banque ne recevant pas moins). Si l'on perd encore, pour composer sa troisième masse on ajoute à la seconde encore 5 francs; ce qui portera la mise à 15 francs; et ainsi de suite, de sorte que chaque mise excède la précédente d'une masse de 5 francs.

Quand on gagne, on retranche 5 francs de la masse précédente. Par exemple, ayant perdu trois coups, et jouant le quatrième (de 20 francs), en cas de gain, on joue le cinquième à raison de 15 francs; si l'on gagne encore, on joue le sixième 10 francs, et ainsi de suite.

Cela étant entendu, il s'agit maintenant de donner la connaissance des principes sur lesquels repose notre système. Nous n'invoquons plus le passé, traînant à sa suite des milliards de tailles. Il nous suffit d'une ou deux cartes qui viennent d'être piquées pour établir la découverte, et faire reconnaître le principe incontestable que le ponte doit avoir forcément plus de coups que la Banque.

Pour faire l'analyse de cette proposition, nous soumettons le relevé de 512 tailles, contenant 13,105 coups.

INTERMITTENCES.			SÉRIES.		
Espèces d'intermittenc.	Coups composés.	Coups simples.	Espèces de séries.	Coups composés.	Coups simples.
1 fois 1	963	963.			
2 fois 1	446	892.	De 2	1,269	3,244.
3 fois 1	201	603.	3	717	2,472.
4 fois 1	104	416.	4	397	1,636.
5 fois 1	38	190.	5	202	1,030.
6 fois 1	23	138.	6	93	558.
7 fois 1	11	77.	7	62	448.
8 fois 1	6	48.	8	14	112.
9 fois 1	6	54.	9	9	81.
10 fois 1	1	10.	10	1	10.
11 fois 1	1	11.	11	2	22.
12 fois 1	0	00.	12	3	36.
13 fois 1	1	13.	13	1	13.
14 fois 1	0	00.	14	2	28.
	1,801	3,415.		2,772	9,690.

Observations sur le résumé.

Les chances du hasard ne peuvent offrir que des coups suivis ou interrompus, des séries ou intermittences.

Les coups suivis ou interrompus prennent le nom de *séries*, selon qu'il y en a plus d'un de suite. On dit une série de deux coups suivis, une série de deux intermittences. Quand on dit une série sans expliquer de coups suivis ou intermittens, on entend toujours de coups suivis.

Les séries suivies ou intermittentes sont d'autant moins nombreuses qu'elles sont composées d'un plus grand nombre de coups. Les plus fortes sont de 18 à 20; elles sont très-rares. On n'a pas encore vu une taille formée entièrement d'une seule série de coups suivis ou intermittens.

Colonne des intermittences.

Toute classe antérieure est plus forte que la suivante.

Ainsi la première classe, composée des coups qui forment la succession des séries de coups suivis, et qui, en attendant que ce soient des coups suivis, forment des *intermittences provisoires*, présente. . 1,264 coups.

La seconde classe, composée des intermittences définitives, ne présente que.	963.
En faveur de la première classe. . .	301.
Ainsi la seconde classe d'intermittences, composée des intermittences d'un seul coup, présente.	963.
La troisième classe, composée des séries de 2 coups, ne présente que. . .	446.
En faveur de la seconde classe. . .	517.
Ainsi la troisième classe, composée des séries de 2 coups, présente. . . .	446.
La quatrième classe, composée des séries de 3 coups, ne présente que. . .	201.
En faveur de la troisième classe. . .	245.

L'excès d'une classe antérieure sur la classe suivante s'affaiblit à mesure que le nombre d'intermittences devient plus considérable dans une série. Ainsi la série de

9 intermittences se trouve être de 6 coups, comme celle de 8 intermittences.

Ainsi, la série de 13 intermittences n'arrive qu'une fois, et celle de 14 manque.

Cette diminution progressive du nombre des séries dans une classe, à mesure que le nombre des intermittences augmente dans la série, prépare l'extinction de la série, en sorte que l'on peut préjuger qu'on ne verra jamais une série de l'une ou l'autre espèce, remplir seule une taille entière.

La conséquence de ce qu'une classe antérieure est plus forte que la suivante, c'est qu'elle se reprodnit plus souvent, et qu'elle invite le joueur par une probabilité plus attrayante. Ainsi, quand il paraît une seconde intermittence provisoire, on jouera plutôt à la gagnante, pour former le coup d'une intermittence, en faisant survenir la série 2, qu'on ne jouera à la perdante pour avoir une troisième intermittence provisoire, qui assurerait le coup de deux intermittences. La raison en est que le nombre 963 de coups d'une intermittence surpasse 446, nombre des coup de deux intermittences, du nombre 517.

Si toute classe antérieure était égale à la masse des séries supérieures, on pourrait, pour avoir une série, jouer indifféremment ou pour la classe antérieure, ou pour la classe postérieure; parce que les classes postérieures ne sont autre chose que la classe antérieure, plus les coups qui constituent les classes postérieures.

Ainsi, pour avoir la série 2, il serait indifférent de jouer la classe antérieure 2 ou le coup de deux, en jouant à la gagnante après l'intermittence pour ajouter un second coup au premier; ou bien contre la classe postérieure 3, en jouant à la perdante pour fixer le coup de deux; puisque, dans la supposition, la masse des séries postérieures à une classe serait égale au nombre des séries de cette classe.

Mais toute classe antérieure est plus considérable que la masse des séries des classes postérieures.

Ainsi, la classe des intermittences de deux coups, 446, est plus forte que la réunion de toutes les classes suivantes, 392.

Ainsi, la classe des intermittences de 3 coups, 201, est plus considérable que la réunion de toutes les classes suivantes, 191.

Cet excès de la classe antérieure sur la masse des classes suivantes, vient à diminuer à mesure que le nombre des intermittences devient plus considérable dans une série; parce que l'équilibre des longues séries avec les séries antérieures est plus long-temps à s'établir.

Ainsi, la cinquième classe contient 38 séries, et la masse des classes suivantes est 49.

Ainsi, la septième classe contient 11 séries, mais la masse des séries postérieures est de 15.

Plus les séries sont longues, plus elles approchent de leur fin, et l'on n'a pas encore vu une série remplir une taille.

On peut faire sur les séries des coups suivis les mêmes observations que sur les séries des coups interrompus.

Comparaison des séries et des intermittences.

Il est reçu et il est facile de démontrer que toute série plus forte est plus rare que toute série moindre, par la raison qu'il faut plus d'efforts pour produire une série de 3 coups que pour n'en produire qu'une de 2 coups.

Ce principe est invariable, soit qu'on en fasse l'application dans les séries d'intermittences entre elles, ou dans les séries de coups suivis entre elles ; mais il se dément, et on n'en connaît pas la cause, quand on compare les séries des coups suivis aux séries d'intermittences.

Constamment, et dans chaque classe, les séries des coups suivis sont plus nombreuses que les séries des coups interrompus.

Ainsi les séries de 2 coups suivis sont au nombre de.	1,269.
Celles de 2 fois 1 ne sont qu'environ le tiers.	446.
En faveur des coups suivis.	823.

On peut, sur le tableau, dans chaque classe de séries, apercevoir d'un regard la très-grande différence en faveur des séries de coups suivis. Il suffit de rapporter ici les totalisations.

Total des séries de coups suivis.	2,772.
Total des séries de coups interrompus. . .	838.
En faveur des coups suivis.	1,934.

La conséquence est qu'il y a beaucoup plus de coups suivis que de coups interrompus. Cela est tellement fort, qu'en ajoutant même aux séries de coups interrompus, le nombre des simples intermittences, on trouvera encore un excès considérable en faveur des coups suivis.

Total de tous les coups simples suivis. . . .	9,690.
Total de tous les coups simples intermittens.	3,415.
En faveur des coups suivis.	6,275.

Il y a environ trois fois autant de coups suivis que d'intermittences. Ce résultat est tellement de rigueur, qu'il est présenté par une carte piquée quelconque, contenant 4 tailles, décomposée dans les coups de chaque classe, séries et intermittences, à l'instar du présent tableau.

Il reste à faire quelques observations secondaires qui dérivent du résultat trouvé.

Les séries des coups suivis sont tellement plus nombreuses que celles des coups interrompus, que la succession des séries de coups suivis ⁚|⁚ d'une couleur à l'autre, présente plus de coups même que le nombre d'intermittences simples.

Succession de séries de coups suivis. . . .	1,264.
Intermittences d'un coup.	963.
En faveur de la succession des coups suivis.	301.

Les séries de 2 coups suivis sont bien plus nombreuses que les intermittences simples : ce qui étonne l'intelligence; car, dans les deux colonnes de séries, toute série augmentée seulement d'un coup est bien moins nombreuse que l'espèce moindre d'un coup. De même, la série de deux coups suivis devrait être bien moins nombreuse que les intermittences simples, puisque l'intermittence simple n'est qu'un coup, et qu'il faut 2 coups pour la série de 2 coups suivis.

Nombre de séries de 2 coups suivis. . . .	1,269.
Nombre d'intermittences d'un coup. . .	963.
En faveur des séries de 2 coups suivis. . .	306.

A mesure que les séries des deux colonnes deviennent plus considérables par le nombre des coups, on voit les séries des coups suivis plus nombreuses dans chaque classe que celles des coups interrompus, et remplir même les classes que celles des coups interrompus laissent vacantes.

Puisque les coups suivis sont bien plus nombreux que les intermittences, il y a un avantage marqué à jouer à la gagnante; et, puisque la Banque est tenue de jouer tous les coups, et qu'il y a beaucoup plus de coups suivis que de coups intermittens, le joueur est le maître d'obtenir sur la Banque un grand nombre de coups.

D'après les observations que nous venons de faire, il résulte que la base du système actuel est fausse quand il égale en nombre l'intermittence à tous les coups du 31. Veut-on comparer les coups composés ? Il y a 2,772 coups composés en séries; il n'y en a que 1801 en intermittences (Différence en plus pour les séries, 971). Veut-on comparer les coups simples? Il y a 9,690 coups simples en séries; il n'y a que 3,415 coups simples en intermittences (Différence, 6,275 en faveur des séries). Veut-on comparer les coups simples des intermittences avec les coups composés des séries? C'est une baroquerie, parce qu'on ne compare que des choses de même nature; d'ailleurs, ce rapport n'amène aucune conséquence.

Il faut donc proclamer comme base principale de notre système, qu'il y a environ trois fois autant de séries que d'intermittences, c'est-à-dire que le ponte peut gagner plus de coups que la Banque.

Il n'est plus question ici de la décomposition des coups et de la présentation des figures; connaissance peu exacte, et qui n'est d'aucune utilité puisqu'elle n'enfante que des erreurs.

Il n'est pas vrai que les diverses figures se reproduisent selon aucune progression arithmétique ou géométrique.

Il n'est pas vrai que les figures reparaissent dans un nombre de coups égal à celui par lequel elles peuvent être décomposées.

Il n'est pas vrai qu'une figure, augmentée ou diminuée d'un coup, augmente son apparition du double, ou la diminue de moitié. Ainsi, un coup de deux ne paraît pas le double d'un coup de trois; un coup de trois ne paraît pas le double d'un coup de quatre.

Et quand cette science serait exacte, de quel secours serait-elle au joueur dans une taille de 26 coups? Quelle utilité, ou plutôt quel embarras, quelle confusion ne retirerait-il pas à chaque coup qu'il voudrait jouer, de se rappeler que 26 coups, montant d'une taille, se décomposent de 67,108,864 manières, et qu'ils présentent autant de figures? Est-ce dans le temps qu'il a pour poser sa masse, qu'il va aller résumer les coups qui ont paru, et qui laissent quelque probabilité à travers 67,108,864 coups?

Il est bien plus sûr et plus utile de ne voir dans une taille qu'environ 26 coups, qui, conformément au résumé précédent, ne présentent qu'un nombre infiniment borné de figures; savoir : des intermittences isolées, ou des intermittences suivies, ou des séries.

Voici, en dernière analyse, la marche à suivre pour s'emparer de l'excédant de coups que nous avons démontré être de rigoureuse conséquence.

Avec un capital de 64,400 francs, et en commençant à 5 francs, le ponte peut organiser une progression montante et descendante de 160 coups. Au commencement de ce chapitre nous avons précisé la manière dont on forme ordinairement cette progression. Nous ne ferons qu'ajouter ici que le ponte ne doit jamais commencer par sa première masse, mais bien par sa trentième ou quarantième, afin d'avoir la facilité de diminuer sa masse s'il est heureux dans son début.

Le ponte, ayant distribué ses masses, adoptera la marche des coups que nous allons tracer.

Il ne commencera à jouer qu'après les premiers deux coups de la taille. Si la taille a commencé par une série de deux coups suivis, il s'attachera à la série, et l'épuisera jusqu'au dernier coup. Si au contraire elle a commencé par deux intermittences, il suivra la série intermittente jusqu'au dernier coup.

Aussitôt qu'il aura éprouvé un coup de perte, il suivra une marche *transversale*, en alternant de la gagnante à la perdante, pendant l'espace de six coups, bien entendu qu'en rencontrant un coup de gain il poursuivra jusqu'à la fin la série ou suivie ou intermittente, formée par ce coup de gain. Ces 6 coups perdus, il aura perdu en totalité 7 coups. Ensuite il jouera trois fois la gagnante. S'il perd encore, voilà 10 coups de perdus. Le onzième coup il faudra fléchir devant le ton prononcé de la perdante. S'il survient une gagnante, il aura perdu 11 coups. Alors il faudra recommencer en procédant de la même manière.

Nous pouvons assurer au spéculateur qui suivra la marche ci-dessus indiquée, qu'il aura très-rarement à soutenir la perte même de 62 coups consécutifs. Mais ce dernier cas arrivant de temps à autre, combien de fois ne sera-t-il pas amplement dédommagé par le gain de 7, 8, 9, même 10 et 11 coups de suite?

En effet, le joueur n'aura contre lui que les petites sections de 1 et 2, de 2 et 2, de 1 et 1, et 2; mais on ne peut jamais trouver des écarts considérables de quelque manière que l'on joue ces petites *hachures* (1).

(1) Voici les seules figures défavorables. . . . . .

Le ponte peut même les rencontrer, sans être pour cela en perte; pour qu'elles lui soient funestes, il faudra qu'elles s'emmanchent exactement avec son jeu. En perte, on joue constamment contre l'une ou l'autre de ces deux figures. En rencontrant le coup de gain, on s'attache à la série, ou suivie, ou intermittente, indiquée par ce coup de gain; c'est-à-dire, si le coup de gain se présente à la suite de la gagnante, on poursuit la gagnante jusqu'à la fin de la série. S'il se présente à la suite de la perdante, on poursuit de la même manière la perdante ou intermittente.

N	R
.	
	:
:	
	:
.	
	.
:	
	.
:	
	:
:	
	.
.	
	:

La note ci-jointe (1) présente l'application de la marche dans une taille tout entière. Les traits (-) marquent les coups de gain, et les zéros (0) les coups de perte.

La connaissance positive que nous venons d'acquérir que les coups suivis sont trois fois plus nombreux que les coups interrompus, donne l'assurance qu'une progression montante et descendante de 160 termes, jouée d'après le système que nous avons établi, ne pourra jamais s'épuiser. Bien plus, les ballottages étant l'ame de ce jeu, il arrivera que le ponte ayant perdu 50, 60 et même 70 coups contre la Banque, aura encore des bénéfices considérables. Pour cela, il ne lui faudra que gagner 3 ou 4 coups de suite, une fois ou autre, dans l'étendue de sa progression. Et dans une carrière aussi longue que peut fournir une

(1)

N	R
	—
	0
0	
	—
	0
	—
0	
—	
—	
	0
0	
0	
—	
	0
0	
0	
—	
—	
—	
	0
	—
	—
	—

progression de 160 termes, il est impossible qu'il en arrive autrement.

D'après notre système, plus les séries suivies et intermittentes sont longues, plus elles assurent la fortune du ponte, tandis que, selon la manière ordinaire de les jouer, elles sont inutiles ou dangereuses. C'est donc en suivant ce système que le ponte suit réellement la marche de la taille, tenant tous les coups, tandis qu'avant il se trouvait trompé dans sa marche par les coups interrompus qu'il essayait. Maintenant, il ne se trouve pas entraîné au-delà de ses moyens par les écarts ou la supériorité d'une chance sur l'autre : il profite de tous les coups en suivant la marche de la taille.

Ces arriérés qui devaient absorber toute l'attention, et rendaient le jeu si triste, n'existent plus pour le ponte qui profite à chaque coup de la marche de la taille.

Que faire de ces rapporteurs illusoires qui obligeaient à suivre la marche d'une taille autre que celle qui se jouait? Le joueur suit avantageusement la taille actuelle, et n'est plus réduit à l'expédient des rapporteurs ou d'autres tailles étrangères.

La science la plus frivole et la plus inconstante, celle de juger des coups à venir par les points du coup passé; cette science n'existe plus, puisque le ponte suit nécessairement la marche de la taille. Que les gros points amènent les gros, que les petits amènent les petits, ou contradictoirement selon d'autres, tout cela est inutile, le ponte profitant de tous les coups de la taille.

Notre système assure encore au ponte un nombre de coups bien supérieur à celui des refaits de 31; ces refaits sont d'environ deux sur trois tailles. Plus heureux, le ponte a aujourd'hui sur la Banque, par chaque taille, la certitude d'un bien plus grand nombre de coups que les refaits de 31. Si le droit du refait suffisait pour épuiser en peu de jours les fonds du joueur, que va devenir le trésor de la Banque, puisque le droit du ponte est bien plus fort par la fréquence de la perception?

La sage fixation du gain de chaque séance forme une partie essentielle de notre système. Nous ne cherchons pas à envahir en un jour le trésor de la Banque : cette ambition ne serait propre qu'à faire tomber le nôtre en ses mains. Le temps nous appartient, et l'administration est toujours à son poste.

Ainsi, appliquant à la limite du gain la même modération que nous avons mise dans sa fixation (chapitre quatrième) en traitant de l'usage de la martingale, nous déterminerons au centième des fonds le montant du gain à faire chaque jour. Cette modération, fruit de la plus forte méditation et de l'expérience, rend le joueur invincible, et dégage la séance des dégoûts du métier, par sa courte durée.

Franchir cette limite, c'est compromettre le capital, c'est retomber dans les masses disproportionnées avec le fonds, qui rendent le nombre de coups faible, et la résistance nulle; c'est se plonger dans la longueur des séances, qui dévore par la périodicité du refait du 31, et qui anéantit par l'arrivée des chances contraires; c'est s'exposer à perdre en quelques instans toute sa fortune, lorsqu'elle pouvait grossir journellement par la sage distribution des fonds en masses nombreuses, par la modération dans le gain, et par la courte durée des séances.

Le temps est encore plus précieux que l'or. Quel serait le prix du trésor le plus riche, si on n'avait pas le temps d'en jouir? Bien plus, la perte du temps amène celle des fonds. Dans une longue séance la tête se fatigue : le joueur qui a longuement lutté finit par perdre, s'irrite et perd encore. Une séance ruine en même temps la bourse, la santé et la réputation.

La séance ne sera guère de plus de quelques tailles. Le peu de temps que l'on passera dans la salle fera que l'on ne sera plus confondu avec les hommes qui s'y trouvent jour et nuit. On s'y présentera non avec l'incertitude d'un joueur, mais avec la confiance d'un créancier. On n'y sera pas exposé, et surtout en été, à la chaleur, aux maladies qui proviennent des grandes réunions. L'on conservera enfin son indépendance pour se livrer à ses affaires et à ses loisirs.

Il n'est plus question que dans l'histoire du passé, du malheur du ponte et du désordre de sa conduite. Sa conduite est indépendante de lui-même, dirigée par une méthode sûre qui lui ménage un avantage par chaque taille; méthode invariable où tout est prescrit d'avance, et qui rend le jeu du 31 un fait, un point de palpabilité.

Ainsi, la marche du joueur est une et constante, vérifiée à chaque coup; les timides et les téméraires n'ont qu'à la suivre. Le gain limité au centième des fonds les dirige sans cesse. On ne voit plus le ponte dans sa pusillanimité éviter les faveurs de la fortune, après quelques coups heureux, tandis que dans la perte il se montrait prodigue et opiniâtre. En un mot, il ne sera plus le jouet d'un gain modique, ou la victime d'une perte téméraire.

Voilà donc la Banque, jusqu'ici couverte de dépouilles opimes, journellement dépouillée à son tour, et de sa richesse et de toute espérance! Voyez, voyez les employés au visage triste et allongé, échanger leur impassibilité pour la crainte de voir leurs places supprimées! Les employés, qui, avec le rateau triomphant attiraient au trésor de la Banque, l'or, l'argent et les billets du joueur, passent aujourd'hui au joueur, l'or, l'argent et les billets de la Banque! La caisse de la Ferme n'est plus ouverte pour recevoir, elle n'est là que pour payer!

Notre méthode n'est pas un système illusoire, comme tant d'autres, parce qu'elle n'est pas l'enfantement d'une opinion prévenue, mais qu'elle dérive de la nature même du jeu. Elle est fondée sur le relevé de 100,000 tailles ou 2,500,000 coups. Elle est d'autant plus sûre qu'elle peut se constater par le moyen de la première carte piquée, tout aussi bien que par le résultat des cent mille tailles. Elle est donc au-dessus de toute critique, comme de toute approbation, puisqu'elle n'est que la constatation de ce qui est. Elle est de tous les jours et de tous les momens, puisqu'elle se vérifie sur toute taille.

Le joueur qui aura des fonds suffisans, qui sait modérer ses désirs et régler sa conduite, peut donc poursuivre sans crainte la marche que nous avons tracée. Il n'aura jamais à s'en repentir. Pour lui, le 31 ne se présentera pas sous l'aspect d'un jeu de hasard, mais bien d'une spéculation lucrative et sûre. Il peut s'épargner toute inquiétude au sujet de sa perte : il n'aura qu'à se mettre en garde contre l'avidité du gain,

« Auri sacra fames. »

Quant à nous, ce sera avec une satisfaction indicible que nous nous trouverons avoir contribué tant soit peu à ce résultat heureux. Il ne dépendra que du joueur lui-même que les désirs que nous formons pour sa prospérité soient exaucés. Si nos vœux sont aussi efficaces que nos conseils sont salutaires, nous aurons à nous féliciter de lui avoir formé un trésor proportionnellement plus considérable que celui que la Banque pourra lui opposer ; d'avoir su, par une méthode sûre, le contenir contre tout désordre dans la perte comme dans le gain. Enfin, de l'avoir rendu invincible sur le sol souillé du sang de tant de victimes !

APPENDICE

CONTENANT

PLUSIEURS MÉTHODES DE JOUER

AU TRENTE-UN

AVEC PEU DE FONDS.

Si l'amateur des jeux du hasard nous faisait l'honneur de nous consulter à ce sujet, nous tâcherions de lui prouver de notre mieux, jusqu'à l'évidence (et la tâche ne serait pas difficile), combien sont grands les dangers qu'il court en luttant, avec de faibles moyens, contre les capitaux énormes de la Banque. Avec des forces entièrement disproportionnées à celles de son adversaire on ne peut s'attendre à remporter la victoire, à moins de compter sur les faveurs de l'aveugle déesse. Un général prudent ne s'aviserait guère de charger une ligne ennemie avec un peloton d'infanterie.

Cependant nous ne nous dissimulons pas que de pareils avertissemens seraient en pure perte. Un bon conseil est plus facile à donner qu'à suivre, et des philosophes profonds ont déjà fait observer (et sans doute ils le feront observer encore) que l'habitude tient lieu de tout. Cette vérité est singulièrement applicable aux joueurs. Il y en a qui joueraient encore même, s'ils pouvaient présager leur propre ruine avec autant d'assurance et de précision qu'ils le peuvent, pour le lever et le coucher du soleil.

Pour remédier aux malheurs de ces derniers, dont,

à la vérité, ils ne sont redevables qu'à eux-mêmes, tout en les mettant sur le compte de la fortune, nous allons leur faire part de quelques moyens qui, s'ils veulent en profiter sagement, peuvent diminuer les mauvais effets de leur passion funeste. Le ponte peut s'en servir, sinon pour gagner, du moins pour défendre son argent, en mettant, comme l'a bien dit un grand homme, « de la méthode dans sa folie (1). »

Manière de gagner cinq masses par séance.

Un capital de 500 francs donne cent masses de 5 fr. On joue par chaque coup le centième, ou la pièce de 5 francs. Nous ferons observer, pour règle générale, qu'il faut toujours avoir 100 masses de l'espèce dont on veut en jouer une.

Quand on aura perdu 5 masses, il conviendra de faire usage de la progression suivante en commençant par le deuxième terme.

5 coups de	1 masse	5 masses.
4 coups de	3 masses	12
3 coups de	7 masses	21
2 coups de	31 masses	62
14 coups.	total.	100 masses.

On ne joue que les coups probables, et alors cette progression de 14 coups peut bien être suffisante. Si le coup était encore très-probable, on pourrait jouer un troisième coup de 31 masses.

Quand on est rentré dans les 5 masses, il faut revenir pour l'attaque, aux 5 masses simples.

Coups probables.

On ne jouera qu'à partir du deuxième coup de la taille, quand il y aura lieu.

(1) *Polonius.* « Aye but there's method in his madness. »
SHAKESPEARE, *Hamlet*, acte II, scène II.

Cependant, le premier coup de la taille est probable, quand les 5 tailles précédentes, ou les quatre, ont commencé à une même chance : il faut jouer la chance contraire.

Le second coup de la taille est probable pour la série ou l'intermittence, quand le deuxième coup de la taille est sur la même chance depuis 4 ou 5 tailles.

La succession de séries ou le coup de deux est probable, quand il y a des intermittences entre les séries, depuis 4 ou 5 séries.

L'intermittence est probable lorsqu'il y a succession de séries depuis 4 ou 5 séries.

Après beaucoup de séries, l'intermittence est probable. Après beaucoup d'intermittences, la série est probable.

Les coups suivis sont plus nombreux que les intermittences. Les séries d'intermittences sont dans chaque classe moins nombreuses que les séries des coups suivis. Les séries de coups suivis sont plus longues souvent que celles des coups alternatifs.

Les coups 2 et 1 se suivent ordinairement plusieurs fois : de même des coups de 2.

La figure ·|. se trouve ordinairement entre deux séries. La première semble annoncer la seconde.

Il y a des coups analogues, tantôt sur la même chance, tantôt sur une chance différente. Ainsi sur la même chance, un coup de 3 suivi d'une intermittence est suivi encore d'un coup de 3. Sur les deux chances, un coup de 3 de l'une passe à l'autre, ou s'y répète.

Quelquefois le deuxième ou troisième coup de 3 devient un coup de 4 : de même du deuxième ou troisième coup de 4 qui devient un coup de 5.

Une intermittence passe quelquefois après la série d'une chance à l'autre : alors ordinairement la série change aussi.

Quand il y a longue suite de 2, le 2 finira par un 3, ou par une intermittence. Le coup de 2 est souvent très-près après une série d'intermittences de 3 ou 4 coups.

Après le coup de 5, on peut très-souvent être tranquille en 1, 2 ou 3 coups.

Par la figure de la taille, on doit très-souvent retrouver l'intermittence, après le coup d'un même nombre quoique différemment ordonné.

Après des intermittences suivies d'un coup de 2, le côté opposé a ordinairement le troisième coup.

Après une longue série et un coup du côté opposé, c'est ordinairement le côté de la série qui gagne.

Quand après plusieurs 2 et 1 la série augmente, le 1 augmente aussi.

Après :|: vient ordinairement un troisième coup.

Les :| et ·|. remplissent souvent bonne partie de la taille. Mais il est bien rare que la figure 2 remplisse toute la taille, même quand la figure 3 n'y est pas; parce que l'intermittence mêlée à la figure 2, donne la figure 3 ou une supérieure.

Quand il y a eu dans une taille beaucoup d'intermittences, il y a ensuite des séries, et réciproquement.

Les plus grandes coupures sont ordinairement peu sûres par l'égalité, la dernière se prolongeant souvent.

Quand il y a une longue traînée d'intermittences, elles aident à couper la taille, en petites hachures en avant, en longues séries en arrière.

Lorsque après un refait le coup se décide sur la chance opposée, il suit ordinairement une intermittence.

Quand les refaits de 31 sont en retard, il faut se tenir sur ses gardes : ils viennent ensuite à fondre comme un ouragan.

Il y a une chance favorable au banquier, qui à la

vérité arrive rarement : c'est celle que présente le dernier coup de la taille, lorsqu'il ne reste que 62 points au talon. Cette chance est la seule qui, assurant au banquier un gain qu'aucune autre chance ne peut détruire, doit être considérée par cela même comme excessivement désavantageuse aux pontes, qui, pour la plupart, ignorent que le seul moyen qu'ils ont de s'y soustraire c'est de ne point la courir.

Jeu pour la gagnante.

Epiez le moment où les séries dominent plus que les intermittences. Placez alors une masse sur la gagnante : ne martingalez jamais en perdant.

Si l'on gagne, on fait paroli, et c'est alors la Banque que l'on oblige de martingaler. En commençant à jouer il est prudent de ne faire paroli que de 2 ou 3 coups seulement. A mesure que l'on est en bénéfice, les parolis se feront de plus de 2 coups, et il pourra arriver alors qu'en ne risquant que peu d'argent, on en gagnera beaucoup.

Il est des personnes qui, en suivant ce procédé, font non-seulement paroli, mais encore masse en avant : le bénéfice est plus grand et plus prompt, mais il ne faut pas compter sur la durée du succès.

Les joueurs qui ne feront pas masse en avant ne devraient risquer que 2 ou 3 coups : ils n'auront point la prétention de faire sauter la Banque, et ils quitteront bien vite le champ de bataille, s'ils ne veulent s'exposer à tout perdre.

Jeu contre les séries de 2 et 3.

Quand une chance a donné une fois, placez sur l'autre chance une masse au premier coup, et 3 masses au second.

Si la chance ne vient pas au troisième coup, qui est celui où l'on a exposé trois masses, il faut l'arrêter et ne point courir les risques d'une longue série.

On ne recommence à jouer que lorsque l'intermittence ayant eu lieu, il se sera présenté un nouveau coup de 1, et cette nouvelle progression sera la même que la première : et ainsi de suite.

Ce jeu s'applique,

1° à l'intermittence 1 et 1.

2° à l'intermittence 1 et 2, 2 et 1.

Jeu contre les 3 *coups de* 3.

Le coup de 3 arrive tous les quatre coups. Quand une chance a donné deux fois de suite, placez sur l'autre chance une masse. Si la chance ne vient point, il faut s'arrêter et ne point courir les risques d'une longue série.

Au coup de 2 suivant, on joue un coup en martingalant. Ainsi de même au troisième coup de 2 en martingalant.

Ce jeu s'applique aux intermittences 1 et 2, 2 et 1.

Jeu contre les 3 *coups de* 4.

Si dans les premiers 12 ou 15 coups au plus de la taille, il vient un coup de 4, on peut jouer deux coups à la suite du premier coup de 2 qui vient après le coup de 4.

Si l'on perd ces 2 coups, voilà le deuxième coup de 4 épuisé. On attend l'autre coup de 2, et l'on joue les 2 derniers coups.

Ce jeu est fondé sur ce qu'il est probable que, dans la même taille, il n'y aura pas 3 coups de 4, puisque les probabilités ne donnent qu'un coup de 4 sur 8 coups.

On jouera toujours la martingale 5, 15, 35, etc.

Jeu contre les 3 coups de 5.

Si dans les premiers 10 ou 12 coups au plus de la taille, il vient un coup de 5, on peut jouer trois coups en martingalant, à la suite du premier coup de 2 qui vient après le coup de 5.

Si l'on perd ces trois coups, voilà le deuxième coup de 5 épuisé. On attend l'autre coup de 2, et l'on joue les trois derniers coups de la martingale.

Ce jeu est fondé sur ce qu'il est probable que, dans la même taille, il n'y aura pas 3 coups de 5, puisque les probabilités ne donnent qu'un coup de 5 sur 16 coups.

Il est nécessaire que le premier coup de 5 se trouve dans les premiers 12 coups, pour jouer; autrement l'on s'exposerait à ne pas se trouver en mesure de jouer les derniers 3 coups dans la taille, ce qui serait en pure perte.

Une martingale de 6 coups, suivant la progression arithmétique 1, 3, 7, etc. (et toute autre est vicieuse) exige un capital de 600 francs.

Jeu contre les séries de 3 et 4.

Quand une chance a donné deux fois de suite, placez sur l'autre chance une masse au premier coup, et trois masses au deuxième.

Si la chance ne vient point au quatrième coup, qui est celui où l'on a exposé trois masses, il faut s'arrêter, et ne point courir les risques d'une longue série.

On ne recommence à jouer que lorsque, l'intermittence ayant eu lieu, il se sera présenté une nouvelle série de deux coups, et cette nouvelle progression sera la même que la première.

On continue ainsi jusqu'à ce que l'on ait 4 masses de

bénéfice : c'est celui auquel on doit se borner pour une séance.

Pour en tirer un parti plus prompt, et peut-être plus lucratif, il suffirait de l'employer avec une espèce de progression ; c'est-à-dire que si l'on avait sauté deux fois de suite, en jouant à 5 et 15 francs, il ne serait pas hors de propos de le jouer ensuite à 10 et 30 francs, jusqu'à ce que le bénéfice eût rétabli l'équilibre, mais alors revenir à la plus petite mise, et, comme je l'ai dit, se contenter de 4 masses de bénéfice par séance.

Si le quatrième coup, quoique favorable à la chance que l'on suit, était un avantage du banquier, on retirera son argent, et, agissant comme si l'on avait perdu, on attendra de même, pour jouer, une nouvelle série de deux coups.

L'excellence et la sûreté de cette marche sont fondées en ce qu'il est démontré, tant par les calculs que par l'expérience, premièrement, que les séries de deux et trois coups par lesquelles on gagne sont infiniment plus communes et plus nombreuses que celles de quatre, par lesquelles *seules* on perd. En effet les séries ou coups suivis à la même couleur, se présentent généralement, savoir : les coups de 2 tous les 2 coups, les coups de 3 tous les 4 coups, les coups de 4 tous les 8 coups, les coups de 5 tous les 16 coups, les coups de 6 tous les 32 coups, etc. ; en second lieu, que les séries de 2 et 3 coups étant très-fréquentes, on a très-rapidement fait un bénéfice de 4 masses, et l'on n'est que fort peu de temps au jeu ; ce qui n'est pas peu essentiel.

Jeu contre les séries de 4 et 5.

Quand une chance a donné trois fois de suite, placez sur l'autre chance une masse au premier coup, et trois masses au second.

Même démonstration qu'au jeu précédent.

Ce jeu est plus lent que le précédent, parce que les séries de 4 et 5 sont plus lentes et moins nombreuses que celles de 2 et 3; puisqu'il y en a une de 2 sur 2 coups, une de 3 sur 4, et qu'il n'y a un coup de 4 que sur 8 coups, et un coup de 5 que sur 16 coups, etc.

Progression montante et descendante de 40 *à* 50 *coups.*

Il faut avoir une masse de 50 coups de progression, ou au moins de 40. 50 coups de progression exigent 6,000 francs, et celle de 40 coups seulement exige 4.000 francs.

Sa progression est de 5 francs par coups de perte. On commence à 5 francs; si l'on perd, on joue 10 fr., ensuite 15, 20, 25, 30, etc.

Quand on gagne, on diminue sa mise de 5 francs.

Si l'on parvient à revenir à sa première masse de 5 francs, on aura 5 francs de bénéfice pour chaque coup que l'on aura gagné.

Avec une progression de 40 ou 50 termes, il ne faut jamais jouer directement contre les chances simples, telles que la noire ou la rouge. Ces chances, quoique d'une égalité parfaite, se prêtent avec trop de facilité aux écarts; et sans éprouver la fortune bien ingrate, le joueur pourrait trouver 200 et 300 coups de perte dans un très-court espace de temps.

Il faudra choisir de préférence ce que nous pouvons appeler des chances brisées, telles que les pairs et les impairs : parier pour les coups pairs qu'une intermittence deviendra un coup de 2, et que le coup de 2 n'ira pas à 3; qu'un coup de 3 deviendra un coup de 4, et que le coup de 4 n'ira pas à 5, etc. En jouant pour les impairs, on parie qu'une intermittence ne deviendra pas un coup de deux, et et en cas de perte que le coup de 2 deviendra un coup de 3, etc.

De cette manière de couper les chances, le ponte aura bien de la difficulté à arriver au dernier terme de sa progression, et lorsqu'il y arrivera, il aura probablement doublé ses fonds.

Progression au Paroli.

Le ponte pourrait avantageusement adapter la marche de coups que nous venons de tracer à une progression au paroli.

En arrangeant sa progression, le ponte aura soin d'éviter les extrêmes. Une progression trop longue porte l'inconvénient de constituer en perte énorme après un certain nombre de coups : une progression trop courte dégoûte par la fréquence du saut.

Une progression de 20 termes me paraît tenir un juste milieu entre les deux extrêmes. Il faudrait l'organiser de manière que chaque paroli, l'un avec l'autre, donne un bénéfice de 10 francs ; et comme les premiers termes de la progression seront plus souvent employés que les derniers, il faudrait arranger la progression en sorte que les premiers donnassent de plus gros bénéfices.

Si j'assurais qu'une progression de 20 termes au paroli ne sautera jamais, à coup sûr je passerais pour un fou à loger à Bicêtre. Cependant d'après les résultats que j'ai constamment trouvés dans mes expériences, j'affirme que le saut sera très-rare, et qu'il n'arrivera jamais sans laisser au ponte des bénéfices considérables.

Une progression de 20 termes arrangée de la manière que je viens de conseiller (c'est-à-dire, que l'on puisse retirer à chaque paroli un bénéfice de 10 francs), exige un capital de 3,000 francs. Il est vrai que l'on pourrait y employer moins : mais alors les bénéfices ne seraient plus proportionnées aux fonds engagés.

Autre manière de jouer une progression montante et descendante de 40 *à* 50 *coups.*

Quoique à la longue il existe une égalité parfaite entre les chances du Trente-un, tout joueur le moins familiarisé avec ce jeu aura remarqué qu'il y a presque toujours des écarts considérables, en sorte qu'il est très-rare de voir une taille entière où l'une ou l'autre chance ne domine pas.

D'après ce principe incontestable, il ne serait peut-être pas désavantageux de suivre toujours la chance qui domine pour le moment. Pour pratiquer cette méthode, on attendra qu'un coup de 3 se présente sur l'une ou l'autre chance. Aussitôt après la première intermittence on pose une masse sur le côté de la chance dominante; en cas de perte on pose une deuxième masse (bien entendu qu'on emploie toujours une progression montante et descendante); si l'on perd encore, voilà le deuxième coup de trois formé sur la chance opposée à celle que l'on aura poursuivie. On s'arrête jusqu'à ce que la chance passe encore une fois à l'autre côté: et alors on procède de la même manière (1).

En cas de gain, on poursuit la série jusqu'au dernier coup.

Le seul cas défavorable serait celui où le coup de trois passerait immédiatement d'une chance à l'autre ;

(1) C'est l'apparition du dernier coup de 3 qui détermine la chance qui domine pour le moment.

mais des tailles entièrement coordonnées d'après cette figure sont extrêmement rares. D'ailleurs, comme nous avons déjà fait observer, avec une courte progression le ponte doit s'attendre à sauter quelquefois ; mais s'il reste une balance en sa faveur, il n'est pas bien à plaindre.

En suivant ce jeu, le ponte aura pour lui presque toutes les séries suivies, et même intermittentes ; mais par les dernières, il ne gagnera que les ballottages.

Martingale de six coups.

Au chapitre cinquième, où nous avons exposé la théorie des séries et des intermittences, nous avons fait part au joueur de la meilleure manière de profiter de la connaissance positive, que les coups suivis sont plus nombreux que les coups interrompus. Dans la note que nous y avons jointe, il aura vu les deux figures défavorables.

Qu'il joue (mentalement) selon le système y exposé, jusqu'à ce qu'il rencontre huit coups de perte consécutifs. Alors qu'il commence à jouer réellement avec une martingale de six coups. S'il perd les premiers trois termes, il faudra s'arrêter et attendre encore une perte (fictive) de huit coups consécutifs. Alors il jouera les derniers trois termes de la martingale.

Pour perdre, il faudra que le ponte rencontre deux fois dans la même séance la figure funeste de 11 coups. Dans toutes mes expériences, je ne puis me rappeler qu'un semblable événement me soit arrivé.

Il est cependant une vérité dont il faudra se pénétrer, c'est qu'en suivant un pareil jeu, l'on devrait borner ses prétentions à gagner quatre ou cinq masses par séance.

Martingale de 6 coups. — 5, 15, 35, 75, 155, 315 = 600 francs.

Si, en fait de hasard, on peut ajouter foi à son expérience, et juger de l'avenir par le passé, nous n'hésitons pas d'affirmer que le joueur peut hardiment tenter les diverses méthodes indiquées dans le cours de notre Appendice. S'il ne fait pas de bénéfices assez gros pour satisfaire l'ambition toujours déréglée des joueurs, au moins il défendra son argent, et avec un petit capital : c'est là déjà quelque chose. Au pis aller, il en sera quitte pour la perte de son temps ; et en conservant ses fonds il conserve son espoir.

Le joueur qui n'a qu'à mettre la main dans la poche pour y trouver un porte-feuille bien garni, s'avisera peut-être de nous demander pourquoi, si nous avons de pareils moyens et des connaissances aussi étendues, nous ne nous en servons pas pour notre propre compte. Nous nous permettons encore une fois de lui citer quelques mots d'un homme célèbre, et de l'assurer « qu'il y a plus de choses dans le ciel et sur la « terre qu'on ne l'imagine dans les rêves de sa philo« sophie (1). » Malheureusement pour nous, le problème n'est que trop facile à résoudre.

« Res angusta domi, etc. »

Le lecteur à qui la fortune présente une perspective plus riante, qui ne se trouve pas encore débarrassé de deux tiers de son bien par des amis aimables et dés-

(1) « There are more things in heaven and earth, Horatio,
Than are dreamed of in your philosophy. »

SHAKSPEARE, *Hamlet*, acte I, scène v.

intéressés, peut mettre à profit nos conseils, et tirer un bon parti des leçons de notre expérience. Qu'il en use sagement; qu'il ne mette ni trop d'audace, ni trop de timidité à la poursuite de la fortune; qu'il ne soit pas moins tranquille dans l'adversité que modeste pendant la prospérité; qu'il approche du temple de la fortune, en se rappelant toujours la prudence et la modération, et il s'en retirera heureux et satisfait : bien différent de ceux qui jadis descendaient à l'antre de Trophonius, en éclatant de rire, et dans les accès d'une gaieté folle, mais qui s'en allaient le visage pâle et abattu, la tristesse et le désespoir dans l'ame.

Nous consacrons au spéculateur le fruit de nos recherches; qu'elles lui soient utiles! S'il s'en trouve bien et s'il est porté à la reconnaissance, pour prix de tant de bienfaits il n'a qu'à passer chez notre libraire, et acheter tous les exemplaires de cet ouvrage utile et intéressant qui lui restent entre les mains, et qu'il les distribue ensuite *gratis* à ses amis. Après quoi nous ne tarderons pas à lui offrir une seconde édition, dont il pourra faire, s'il le veut bien, ce louable usage.

Ridendo dicere verum
Quid vetat ?

Plaisanterie à part, nous croyons aussi fermement que nous le souhaitons sincèrement, qu'il ne dépendra que du lecteur lui-même de profiter de nos observations, de notre science, si nous osons nous exprimer ainsi. Car en effet, les sciences ne sont autre chose que des collections de faits accompagnées d'observations. Lorsque la démonstration mathématique manque, l'expérience est le supplément le plus sûr. L'expérience contient l'histoire du passé. Le passé est l'annonce de l'avenir, l'avenir n'est que la répétition du passé. A la longue, le hasard ne change rien aux effets de l'ordre, et par conséquent là où l'on observe l'ordre et la constante uniformité, on doit reconnaître aussi l'intelligence et le choix.

FIN.

TABLE

DES MATIÈRES.

FIN DE LA TABLE.

IMPRIMERIE DE H. FOURNIER,
RUE DE SEINE N. 14.

www.ingramcontent.com/pod-product-compliance
Ingram Content Group UK Ltd.
Pitfield, Milton Keynes, MK11 3LW, UK
UKHW012103240726
13965UKWH00004B/1500

9 782013 060370